AF393314

LE PERSÉCUTEUR

PAR

CHARLES DE BERNARD

I

En janvier mil huit cent dix-neuf, la diligence de Lyon, après avoir traversé le faubourg Saint-Laurent et le pont de l'Isère, ébranlait le pavé de la ville de Grenoble. Pendant la nuit, une neige fine avait répandu sur la bâche une couche semblable au glacis d'un biscuit de Savoie. Si l'on avait pu douter de l'âpreté du froid, les figures de quelques montagnards dauphinois et de trois artilleurs de la garnison entassés sur la banquette, eussent prouvé que voyager à l'anglaise, au cœur de l'hiver, sur le versant occidental des Alpes, constituait un de ces plaisirs écorchants dont parle Montaigne.

Il était difficile de deviner ce qui se passait dans l'intérieur, car les portières restaient soigneusement fermées. L'atmosphère était si condensée que la transpiration des chevaux faisait flotter un brouillard en queue de la voiture ; une trépidation sourde émouvait au passage les entrailles des maisons ; puis, après ce sillage aérien et cette vibration souterraine, tout s'évanouissait ; et dans les rues presque désertes, le silence reprenait cette profondeur calme et pleine de gravité qui caractérise le repos des villes en province.

Les voyageurs emprisonnés dans cette diligence si bien fermée ne donnèrent signe de vie que lorsqu'elle se fut arrêtée devant son bureau, à l'extrémité d'une place en forme de trapèze, décorée par une assez jolie fontaine. Plusieurs d'entre eux mirent alors la tête à la fenêtre comme le dieu des bonnes gens, et réclamèrent leur délivrance. En ce moment un homme d'une trentaine d'années, qui, malgré un froid de dix degrés au-dessous de zéro, se promenait depuis longtemps sur la place, s'approcha de la voiture dont il fit le tour. Sa figure qu'on eût pu trouver laide, mais non vulgaire, était encadrée par des cheveux d'un blond ardent ; son nez, courbe comme le bec d'un aigle, semblait vouloir mordre deux moustaches rouges, et raides. La pupille rétrécie de ses yeux gris clair jetait un rayon aigu capable de glacer le cœur du plus intrépide. Ce curieux dédaigna la rotonde, glissa sur l'intérieur, et perça la glace fermée du coupé, en y jetant son regard d'oiseau de proie. Son inspection terminée, il reprit sa promenade et alla jusqu'au bout de la place où il parut contempler les éphémères cristallisations de la fontaine ; mais cependant ses yeux ne quittèrent pas plus la voiture que ceux du faucon ne lâchent le héron qu'il entoure de sa spirale.

Les postillons dételaient, les commissionnaires armés d'échelles montaient à l'assaut de l'impériale, les portières étaient ouvertes, les marche-pieds abaissés ; les voyageurs s'agitaient pêle-mêle sur le pavé en réclamant au tohu-bohu de l'emmagasinement, qui sa malle, qui son manteau, qui son sac de nuit. Par un retard peut-être aristocratique, le coupé seul restait fermé, Cette clôture inexplicable impatienta le curieux à moustaches rouges ; il revint près de la voiture, plongea de nouveau son regard à travers la glace immobile, et put apercevoir cette fois le capuchon d'une pelisse de satin noir, En ce moment un grand jeune homme en redingote fourrée, la tête couverte d'une élégante casquette de voyage, ouvrit la portière opposée, sauta lestement à terre et reçut avec des attentions infinies la dame à la pelisse qui mit à descendre toute la gaucherie désirable, A travers les jantes des roues l'observateur put voir deux étroits brodequins qui se confièrent l'un après l'autre aux degrés en zig-zag du marche-pied, sans accident mais non sans trahison. La voyageuse ayant enfin atteint la terre ferme, s'y posa aussi légère qu'un oiseau, prit le bras de son compagnon, et entra avec lui dans le bureau, Un moment après, l'homme au regard perçant, qui était resté immobile à sa place comme s'il eût voulu se cacher derrière l'attelage vit reparaître les deux voyageurs. La jeune dame, les yeux levés sur son cavalier qui tenait sa casquette à la main, semblait remercier par le plus gracieux sourire la galanterie dont elle était évidemment l'objet ; malgré la passe allongée de sa capote et le collet de fourrure qui couvraient presque en totalité sa figure, on la devinait jeune et charmante. La beauté a son parfum qui la trahit quand elle se cache ; sous le voile, une jolie femme se reconnaît comme une rose dans l'ombre.

De son poste d'observation, le curieux n'avait pas perdu un seul geste du jeune homme, ni un seul sourire de la dame ; les postillons le démasquèrent en emmenant leurs chevaux ; l'inconnue l'aperçut alors, tressaillit ; puis chancela sous un regard qui croisa le sien, comme si cet espion l'eût fascinée par un jet magnétique et continu semblable à celui que lance l'œil venimeux du serpent ; et si son compagnon de voyage eût pu voir en ce moment son visage, il l'aurait trouvé pâle et décomposé. Sans plus l'écouter ni lui répondre, sans attendre le domestique qui rassemblait ses effets, la jeune femme effrayée s'éloigna d'un pas si rapide qu'elle paraissait plutôt courir que marcher, et se jeta dans la première rue qui s'offrit à elle. Le voyageur, toujours sa casquette à la main, la suivit des yeux jusqu'à ce qu'elle disparut, et demeura plus ébahi qu'un chien d'arrêt qui perd une piste ; il appela bientôt l'amour-propre à son aide ; pour réprimer la moquerie de ses compagnons de voyage, il s'enfonça sévèrement sa casquette sur l'oreille droite, fit une pirouette cavalière et se trouva en face de l'individu dont l'aspect avait si fort effarouché sa compagne. Les deux hommes se regardèrent.

— Guerland ! dit le voyageur d'un air de surprise et de bonne humeur, c'est le ciel qui vous envoie ; j'ai besoin d'un cornac et je vous prends.

Guerland recula d'un pas et fronça le sourcil, mais il maîtrisa promptement le sentiment secret qui avait donné à sa figure une expression menaçante, et fit contracter à ses lèvres un sourire dont il dissimula l'effort sous ses longues moustaches.

— Vous, à Grenoble ! mon cher Barberin, dit-il d'une voix composée. Quelle bonne fortune vous y amène ?

— Une bonne fortune, en effet, répondit le voyageur ;

du moins je l'espère. Mais il gèle un peu trop pour que je vous fasse ma confidence au milieu de la rue, comme les amants de Molière. Trouvez-moi quelque gîte où nous puissions deviser les pieds sur les chenets et la fourchette à la main. Je meurs de faim et de froid. Quel est le meilleur hôtel ?

— Vous n'irez pas à l'auberge, j'ai une chambre à vous donner, reprit son interlocuteur d'un ton d'empressement qui contrastait avec la répulsion qu'avait exprimée son premier abord. — Mon domestique viendra prendre vos effets.

Une demi-heure après, les deux jeunes gens, assis devant un feu pétillant dans le cabinet de Guerland, déjeûnaient de compagnie, le voyageur en voyageur, le maître du logis du bout des dents et sans doute par courtoisie.

— Vous m'avez promis une confidence, dit celui-ci, quand il vit l'appétit de son hôte à peu près apaisé, et en faisant un effort pour dérider la sombre expression que conservait sa physionomie.

Barberin vida son verre, mit sa serviette sur la table, ses pieds sur les chenets, lissa une petite moustache noire qui relevait une jolie figure assez délibérée, et prit la parole de ce ton badin et avantageux qu'affectionnent les jeunes gens pour leurs histoires couleur de rose :

— Vous saurez, mon cher hôte, qu'hier à pareille heure, au lieu de déguster un excellent déjeûner et de jouir d'une aimable compagnie, je gelais au milieu de la bonne ville de Lyon. C'est dans la cour des messageries que la scène se passait. On chargeait à ma droite la voiture de Paris par laquelle je devais partir, à ma gauche celle de Grenoble d'où je suis descendu. Pour tuer le temps et le froid, je me promenais de l'une à l'autre en fumant un cigare. J'abhorre les bureaux de diligence et la ménagerie qui s'y entasse en attendant le départ ; pour prévenir la congélation de mon individu, je préférais battre la semelle à la manière des écoliers. J'avais une place dans le coupé. Figurez-vous ma terreur lorsque je vis prêt à y monter un couple hybernois ou helvétique, je ne sais lequel, mais inouï, et créé sans doute pour montrer jusqu'à quel point la peau humaine est susceptible de dilatation : un hippopotame en redingote d'alpaga remorquant un cachalot en pelisse verte fourrée de petit gris. Je vois encore les deux monstres ! à eux seuls ils emplissaient le coupé, si bien qu'une sole en troisième se fut trouvée trop ventrue. Et j'étais le grain chétif promis à cette double meule ! D'horreur, je jetai mon cigare et tournai sur mes talons.

Autre tableau ! Dans le coupé de la diligence de Grenoble venait de s'asseoir une jeune dame, coquettement attifée, aux grands yeux noirs, au teint pâle, aux lèvres roses, charmante en un mot ; d'ailleurs, vous avez pu en juger. Vous me voyez d'ici : d'un côté ce couple inhumain, de l'autre ce gracieux visage ; la frayeur d'arriver à Paris plat comme un album ; la cruauté de laisser une aussi jolie personne exposée seule au froid meurtrier d'une nuit de janvier ; ma charité pour moi et pour elle ; bref, une minute après, ma malle passait d'une impériale à l'autre, et je dois vous dire que ce changement de front attira un sourire mêlé de rougeur sur la figure de ma future partner. Un quart-d'heure plus tard, je faisais le voyage de Lyon à Paris par Grenoble, itinéraire contraire aux plus simples notions géographiques ; mais vous avouerez que c'était le cas d'imiter La Fontaine et de prendre le plus long. Tout chemin mène à Rome, mais un seul conduit au ciel ; le ciel pour moi, comme pour vous sans doute, est une jolie femme ; c'est ma seule dévotion ; j'espère qu'elle me profitera un jour, et qu'il me sera beaucoup pardonné ainsi qu'à Magdeleine, parce que j'aurai beaucoup aimé.

— Et vous êtes venu de Lyon à Grenoble seul avec cette dame ? demanda Guerland en cherchant à émousser la rigueur de son regard et à séparer ses sourcils qui jouaient d'une façon un peu trop significative.

— *Solus cum solâ.* Il y avait une femme de chambre malade, une tante que le froid empêchait de faire son service de chaperon ; et puis, *elle* avait son domestique dans la rotonde.

— Oh ! tout était en règle !

— Pas de mauvaises pensées ! je ne suis pas de ceux qui fauchent leurs blés en herbe ou qui vendent leur héritage pour un plat de lentilles. Je sais vaincre mon appétit et attendre l'heure du dîner. Un repas exquis doit être savouré à table, et non dépêché sur le pouce comme fait de sa provende un vilain. J'estime beaucoup, surtout en galanterie, la science qui prévoit et ménage le lendemain. Ma jolie compagne de voyage avait trop de distinction et de grâce pour que je voulusse compromettre par la moindre imprudence l'avenir d'une connaissance si attrayante. Le respect, duperie quelquefois, devient la plus habile des séductions auprès d'une femme exposée et presque compromise par son isolement ; moins il est espéré alors, plus il inspire de reconnaissance. Madame de Valdaunaie.....

Guerland fit un mouvement violent sur sa chaise.

— Elle vous a dit son nom, s'écria-t-il.

— Ha ! elle m'a dit bien d'autres choses, reprit le conteur, je suis sûr qu'elle est touchée d'avoir trouvé un Grandisson là où elle redoutait peut-être de rencontrer un Lovelace. D'ailleurs, dit Barberin en se passant la main dans les cheveux et jetant un regard de bonne amitié sur sa figure que reflétait la glace de la cheminée, — je suis de tournure assez dégourdie pour me permettre quelquefois la vertu sans compromettre ma réputation. Je vous jure que nous avons fait la moitié de la route, roulés dans le même manteau comme Paul et Virginie, sans que mes lèvres aient eu d'autre bonne fortune que la passe de son chapeau et quelques cheveux égarés. Voilà tout.

— Dans le même manteau ?

— Fallait-il nous fuir par une pruderie féroce, pour que ce matin le conducteur nous trouvât gelés chacun dans notre coin et dans notre vertu ? Il y avait nécessité de rapprochement sous peine de mort. C'eût été mon avis au mois d'août ; ce fut avant le troisième relai, l'avis de ma compagne, sans que je pusse en tirer la moindre conséquence vaniteuse : j'ai eu le succès d'une chaufferette ; un moine m'eût été préféré. Comme je devinais quel auxiliaire était pour moi la bise de janvier, j'avais sournoisement prémédité un coup de coude dans une des glaces ; mais je n'eus pas besoin de cette mauvaise action : grâce à l'excellente confection des voitures françaises, notre coupé était un crible des plus distingués. Entre la demi-douzaine de ventilateurs qui nous lardaient des courants d'air aigus comme des aiguilles, Lucrèce elle-même n'aurait pas refusé la moitié de mon manteau ; d'autant plus que je mis à l'offrir une charité que saint Martin n'eût pas désavouée.

— Enfin, dit Guerland avec impatience.

— Enfin, j'ai fait connaissance avec une femme charmante, pleine d'esprit, de gentillesse, de coquetterie, de séduction ; une syrène ! Une chose la rend plus attrayante encore que toutes ses grâces et me préoccupe davantage : cette femme a dans le cœur un secret, et un secret sinistre que j'ai pressenti sans pouvoir le deviner. Elle a dû éprouver dans sa vie quelqu'impression terrible dont la vibration dure encore. Au milieu d'un accès de gaîté, je voyais ses yeux se troubler tout-à-coup comme s'ils eussent aperçu quelque vision effrayante. De temps en temps un tressaillement nerveux la faisait frémir sans raison apparente. J'ai voulu savoir la cause de ses émotions inexplicables ; elle ne m'a rien répondu. Je suis revenu par un chemin détourné : je lui ai demandé si elle avait versé en voiture ; non. Je lui ai parlé de ses enfants, elle n'en a jamais eu. Ce n'est donc ni un accident ni un chagrin maternel qui ont développé en elle cette irritabilité mystérieuse. Est-ce quelque revers de fortune, ou la mort de son mari ? je ne la crois pas intéressée, et son mari était vieux. Enfin je me suis perdu dans mes suppositions, sans arriver à un résultat qui me satisfît. Chose certaine, cette femme est sous la domination d'une terreur secrète dont le coup la frappe à chaque instant, malgré ses efforts pour s'étourdir. Quelle est cette terreur ? Je l'ignore, mais j'en saurai la cause. En attendant, j'ai assez bien fait mon chemin. J'ai la certitude qu'elle a du goût pour ma conversation et de la reconnaissance pour ma conduite. Vingt-quatre heures d'un tête-à-tête imprévu, original, sont un excellent début. Je n'ai jamais commencé de roman par un meilleur chapitre. Elle s'appelle madame de Valdaunaie, ou mieux encore Valérie ; elle est veuve, elle a vingt-cinq ans ; elle est trop jeune pour me recevoir chez elle ; à son âge, une femme fait entrer son amant par la fenêtre et non par la porte. Ainsi le veulent les bonnes mœurs. L'étiquette provinciale s'oppose donc à ce que j'aie mes entrées officielles : mais, en attendant l'échelle de soie, je danse demain la seconde valse et la quatrième contredanse avec elle au bal de la préfecture.

— Demain ?

— Demain, lundi, jour de gala chez tous les préfets du royaume. Le vôtre se conforme sans doute à l'étiquette administrative. Il a épousé une arrière-cousine de ma mère. J'irai aujourd'hui me mettre en règle avec la *préfète* ; je dînerai demain chez elle, et le soir j'entame le second chapitre de mon roman, que j'intitulerai : le Carnaval à Grenoble.

Le maître du logis se leva, fit plusieurs tours dans son cabinet d'un air sombre et pensif. Barberin, absorbé par la préparation d'une tasse de thé, mélangeait par juste proportion les feuilles, et ne s'aperçut pas de la contenance de son ami.

— Maintenant, reprit-il, vous allez me rendre un service. Vous savez que dans une semblable entreprise, il faut avant tout connaître les tenants et les aboutissants. Dans les petites villes, tout se sait : voyons, qu'est au juste madame de Valdaunaie ?

— Une femme fort aimable, dit son hôte.

— Je ne suis pas resté vingt-quatre heures avec elle sans m'en apercevoir, à quoi pensez-vous donc ? Veuve, jeune et fort attrayante, elle ne doit pas manquer d'adorateurs. S'aperçoit-on qu'elle ait distingué quelqu'un ? répondez.

— Personne ! répondit Guerland d'un ton si grave que

son interlocuteur l'eût remarqué s'il n'avait pas eu le nez sur la théière.

— Ah ! ah ! la cavalerie de Grenoble a été *ramenée* et peut-être même les vélites ; en avant la Maison du Roi ! dit Barberin en faisant allusion à son hôte, qui avait servi dans la garde impériale, et à lui-même qui sortait des gardes-du-corps.

Guerland s'arrêta devant l'officier, le regarda fixement, et lui dit d'un ton glacial : — Voulez-vous suivre un bon avis ? tout chez moi est à votre disposition ; restez-y tant qu'il vous plaira ; vous me ferez plaisir ; mais ne revoyez cette femme ni demain, ni jamais.

— Vous l'aimez, répondit le jeune homme, tout est dit, je repars ce soir. Soyez heureux, mon cher ! Ah ! elle vous aime !

— Je ne dis rien de semblable.

— Mais alors, expliquez-moi, Guerland...

— Rien, reprit l'officier en interrompant son ami ; mon conseil est absolu.

— Quelle raison alors....

— Je ne puis vous rien dire ; mais croyez-moi, cette passion serait un malheur pour vous.

— Vous m'intriguez furieusement. J'ai déjà flairé un mystère, vous en faites un logographe ; et de ma vie je n'ai pu en deviner un seul. Quel est donc ce secret plein d'horreur ? cette ange est-elle goule ou vampire ? tue-t-elle ses amants ? y a-t-il danger de mort à l'adorer ?

— Oui, dit Guérland.

— Et vous ne voulez rien me dire de plus ? dit le garde-du-corps quand sa surprise se fut dissipée.

— En ce moment toute explication m'est impossible ; plus tard peut-être, si vous persistez.

— Plus tard, soit. Vous comprenez bien, mon ami, qu'il ne manquait à mon aventure que votre lugubre prédiction pour m'y engager davantage. Grâce à vous, la voilà tout-à-fait poétisée. Du danger, du mystère, de l'amour ! salut à tous trois, vive Dieu ! la garde royale est là.

Et le jeune homme se leva allègrement en chantonnant ce refrain d'une romance alors à la mode parmi les chevaliers de la fidélité.

> Dieu veuille mon âme !
> Ma vie est au roi,
> Mon cœur à ma dame,
> Mon honneur à moi.

II

Le lendemain, le premier homme qui vint saluer madame de Valdaunaie, lorsqu'elle fit son entrée à la préfecture, fut Horace de Barberin. La jeune femme sourit à sa vue, sans pouvoir dissimuler une rougeur légère qui annonçait plus d'émotion que de déplaisir ; mais tout à coup l'animation de ses traits disparut, le frissonnement nerveux qui lui était habituel courut sur ses blanches épaules et ses yeux interrogèrent avec une anxiété visible le groupe d'hommes entassés au milieu du salon. Sans doute son regard ne rencontra pas ce qu'il redoutait, car il reprit bientôt son expression douce et engageante. La vague, un instant agitée de son gracieux corsage, se dégonfla peu à peu par de ces longs soupirs qui semblent exhaler une peine importune pour aspirer des espérances depuis

longtemps inconnues. Madame de Valdaunaie, guérie de son inquiétude, refleurit comme la plante quand est tombé le ver qui la rongeait ; insensiblement sa sérénité se changea en assurance, en vivacité, en désir de plaire, et finit par s'épanouir en une merveilleuse coquetterie à cent feuilles, près de laquelle toutes les autres amabilités féminines semblaient décolorées.

Le garde-du-corps s'enivrait de cette femme fleurie. Lorsqu'il vint faire valoir ses droits à la valse promise, son bras en s'emparant de celui de sa jolie campagne de voyage, le pressa doucement, et beaucoup plus que ne le voulait l'étiquette. Aucun rappel à l'ordre ne réprimanda cette muette tendresse, réminiscence du coupé. Barberin, fort de ce premier succès, ne songea plus qu'à le consolider. Ses yeux, ses paroles, son silence, ses moindres gestes devinrent une déclaration continuelle, nuancée, souple, multiple, attaquant sans interruption et sur tous les points offerts par le cœur ou par la vanité de sa maîtresse.

A la roue de paon de plus en plus complaisante par laquelle, en femme de province, la danseuse d'Horace répondait à son adoration pétulante, il pouvait deviner que, s'il ne pénétrait pas encore l'âme, du moins il intéressait l'esprit et occupait l'imagination, ce qui vaut autant et quelquefois mieux. Son éloquence, à chaque instant plus pathétique et plus scintillante, se lançait par tous les sentiers du pays de Tendre, aiguillonnée dans sa course par les petites phrases railleuses, agaçantes, flatteuses, taquines, que la jeune femme enfonçait, de temps en temps en manière d'éperons aux flancs d'une conversation qui lui plaisait. Aucun jockey d'Epsom n'entendait mieux son art que madame de Valdaunaie n'avait compris cette science de coquetterie qui, comme toutes les autres, peut se formuler en deux mots. La femme vertueuse dit : non ; la passionnée, oui ; la capricieuse, oui et non ; la coquette ni oui ni non.

C'est par les mille perplexités de ces deux mots, également refusés ou prononcés avec une expression contraire à leur sens, de ce oui moqueur, cruel comme une trop longue résistance, de ce non languissant, tendre comme un aveu, que Valérie promenait bride en main sa nouvelle conquête ; modérant une allure trop vive par un regard impérieux, prévenant le découragement par ce sourire calin que les poètes anacréontiques nomment l'aurore du bonheur ; compensant un refus vague par une plus vague concession ; n'accordant rien, et laissant tout espérer ; causant en un mot sur le seuil de l'amour, mais la porte fermée.

Pendant cette conversation, cessée et reprise selon les occasions que donnaient les contredanses, Barberin aperçut à l'une des portes du salon, Guerland, immobile, les bras croisés sur la poitrine et les yeux fixés sur madame de Valdaunaie. Sans s'inquiéter de l'expression profondément sinistre de ce regard, l'amant salua son hôte d'un sourire d'intelligence qui semblait dire : Vous voyez que j'avance malgré vos prophéties. L'idée d'être un objet d'observation pour un autre homme, le souvenir de la mystérieuse conversation de la veille, le vague instinct d'une rivalité cachée exaltèrent le parisien. Il redoubla donc de frais et d'amabilité, comme les chevaliers qu'encourageait à leurs plus beaux coups de lance la présence de quelque renommé paladin.

Tout en prêtant l'oreille à cette galante mousqueterie, madame de Valdaunaie jouait avec son bouquet de bal, jolie touffe de roses blanches, bordée d'un cordon de boutons de roses du Bengale. Par gentillesse de maintien, peut-être par embarras naissant, la jeune femme, d'une main fort mignonne sous le gant, arrachait les feuilles qui lui paraissaient déranger la symétrie du bouquet. Dans cet effeuillement, quelquefois un peu vif, un bouton fut brisé et roula sur le parquet. Horace se pencha lestement, le ramassa, fit à demi le geste de le porter à ses lèvres et le demanda par un regard expressif.

— Qu'en ferez-vous? dit en souriant madame de Valdaunaie; bon, si c'était le bouquet, mais un bouton…

— Je commence ma fortune, répondit le jeune homme d'un air de modestie mêlé de finesse. Je suis déjà plus riche que vous ne le croyez. Ce bouton ne sera que le second diamant de mon trésor; j'ai pour premier, pour Régent, un cheveu, un seul, mais si fin, si doux, si noir, si brillant! Je ne vois au bal qu'une seule chevelure qui lui soit comparable.

En ce moment, par un geste familier aux femmes, lorsque toutefois elles portent leurs propres cheveux, Valérie lissait une boucle de sa coiffure et réparait un désordre qui n'existait pas. Elle laissa lentement retomber sa main et pour toute réponse respira son bouquet à plusieurs reprises.

— Un manteau où l'on trouve de pareilles richesses ne vaut-il pas un peu mieux que celui du doge? reprit Barberin en souriant doucement et faisant allusion à ses ancêtres, patriciens de Venise.

Madame de Valdaunaie, un peu confuse du souvenir qu'on lui rappelait, et de l'idée d'avoir eu pour cornette de nuit la fourrure où s'enveloppait d'habitude la figure cavalière qu'elle avait sous les yeux, enfouit son visage dans la gerbe de fleurs, et détourna la tête.

— Les fleurs se flétrissent !

A ces paroles, prononcées subitement d'une voix grave, la jeune femme tressaillit comme si quelque serpent eût sifflé à son oreille; elle se redressa sur la banquette et leva les yeux. Guerland était debout devant elle, armé de ce regard pesant qu'elle avait rencontré la veille en descendant de la diligence. De la main droite il montrait le bouquet de bal qui venait de tomber sur le parquet, de la gauche il en tenait un autre séché depuis longtemps en apparence, et taché de plusieurs points bruns semblables à des gouttes de sang.

— Est-ce là ce que vous savez dire au bal pour amuser les femmes? dit Horace, que cette interruption mettait de fort mauvaise humeur.

Un gémissement sourd, une main qui froissait convulsivement son épaule lui firent retourner la tête : madame de Valdaunaie, pâle comme la mort, les yeux à demi-fermés, chancelait en essayant de se retenir à lui. Cette femme tomba tout-à-coup entre les bras de Barberin, s'y abandonna languissamment comme un corps inerte, et lorsqu'il voulut la rasseoir sur la banquette, elle s'affaissa sur elle-même en perdant connaissance.

Une rumeur soudaine arrêta l'orchestre et interrompit la danse. La maîtresse de la maison accourut, et fit transporter dans son appartement la danseuse évanouie. Puis le bal continua avec l'égoïsme que professe le monde en toute occasion. Barberin seul, inquiet et troublé de cette scène, ne quittait pas le salon qui précédait la chambre où l'on avait emporté Valérie, et dont l'accès lui était interdit ainsi qu'aux autres hommes. Enfin, au bout d'une heure, sa cousine, avec la bienveillance d'une femme qui devine un amour et y compatit, vint lui dire que sa danseuse allait mieux et qu'on venait de la reconduire chez elle. Un peu rassuré, il allait rentrer dans la salle du bal, lorsqu'une main l'arrêta en lui saisissant le bras; il se retourna et aperçut Guerland.

— Je crois que vous n'avez plus rien qui vous retienne, dit le trouble-fête. Je désirerais vous parler. Voulez-vous que nous partions?

— Partons, répondit l'amant en mâchonnant le bouton de rose brisé, symbole de cette femme naguère si fraîche et si radieuse, maintenant flétrie et languissante.

Deux heures sonnaient à la pendule du cabinet de Guerland, lorsque les deux amis y rentrèrent. Le maître du logis fit rallumer le feu, et avança un fauteuil à son hôte, fort intrigué de ces manières cérémonieuses et du mystère que semblait annoncer la demande d'un entretien dans un pareil moment, entretien lié sans doute aux paroles obscures de leur conversation précédente.

— Que diantre avez-vous donc à me narrer? demanda Barberin quand le domestique fut sorti. Vais-je enfin connaître le grand secret? Vous êtes sombre et fatal, comme Talma dans Othello. Je suis sûr que c'est votre physionomie funéraire qui a fait évanouir madame de Valdaunaie.

— Vous m'avez raconté hier un roman, répondit Guerland avec la gravité glaciale qui caractérisait son langage; je vais vous dire une histoire; à votre tour écoutez-moi : vous êtes sur le point de devenir amoureux…

— C'est fait, je le suis corps et âme. Cet évanouissement m'a achevé. J'ai toujours adoré les femmes nerveuses. Parlez! continua-t-il en voyant l'air impatienté de son hôte.

— Il s'agit aussi d'amour dans mon histoire, reprit l'officier en souriant avec amertume. Quoique mon récit soit de nature à vous intéresser, s'il vous ennuyait, je n'abuserais pas de votre patience.

Il y a trois ans, un de mes amis, officier dans le même régiment et que je nommerai Rodolphe, alla fixer sa résidence à Montpellier; le licenciement de 1815 venait de le mettre en demi-solde. Une blessure reçue à Waterloo ayant altéré sa santé, il avait dû choisir pour séjour un climat méridional et salubre. Froissé dans ses intérêts, dans ses opinions, dans ses sympathies, souffrant d'ailleurs, il était ce que nous étions tous alors, mécontent. Il vécut d'abord fort retiré, peu soucieux d'importuner les autres de son humeur morose. Peu à peu cependant l'exemple de quelques amis l'arracha de sa solitude. On lui prouva que secouer l'ennui valait mieux que de s'en laisser dévorer, que le monde était un excellent médecin et que l'isolement était à lui seul une maladie. Il fit donc comme les autres. Afin d'arrêter les progrès de son marasme, il le mena au bal, et se jeta à corps perdu dans le tourbillon. Il dansa, il chanta, il rit. Quoique brigand de la Loire, il fut bien accueilli dans les salons où il s'était fait présenter : l'irritation intime de son esprit portait à la surface une excitation qui passa pour de la vivacité, pour un désir de plaire; son envie de s'étourdir à tout prix lui fut comptée comme amabilité; il eut donc du succès, il devint à la mode, enfin il ne tint qu'à lui de mettre une couronne de dandy sur son blason de la vieille garde; il l'eût fait peut-être, si une puissance fatale n'était venue tout-à-coup dominer son existence.

Dans ces salons où l'avait jeté l'ennui, où le retenait la vanité, une femme s'offrit à lui, jeune et belle, armée de toutes les séductions d'un esprit ardent, forte de toute l'autorité que donne un cœur froid. Pour peindre cette apparition et son effet, les mots me manquent. Il aima cette femme comme il croyait impossible d'aimer, comme un fou, mais ce mot est encore faible. Elle devint, pour son imagination glacée par les déceptions, une illusion nouvelle dont le prestige répara toutes les illusions qui venaient de sombrer. Il se prosterna devant elle comme le marin pieux devant sa Notre-Dame de Recouvrance ; à cet autel unique, se rattachèrent les fils brisés de son existence. La puissance qu'avaient refoulée au fond de son âme les mécomptes d'une carrière fermée, d'un courage inutile, d'une ambition sans aliment, se redressa soudain, ainsi que part un ressort longtemps comprimé. Cette belle enchanteresse fut son ambition retrouvée, sa gloire pacifique, son but, sa vie. Avez-vous jamais aimé, Barberin ? oui ? Hé bien, vous comprendrez alors cette absorption de l'être tout entier, cet abandon absolu, cette âme livrée sans prévoyance, ni réserve, ni retour. Une passion semblable est une grande démence, son exagération même la rend impuissante ; comme une bombe trop chargée, elle éclate en l'air.

Au lieu de se tracer un plan de conduite, de combiner un système d'attaque, Rodolphe trouva tant de charme dans le sentiment où se rajeunissait son âme, qu'il s'abandonna d'abord aux rêveries sans fin du véritable amour ; il se versait sa tendresse et la buvait à longs traits, sans songer à l'imprudence d'une ivresse qui n'était point partagée. Oubliant que l'amour est un duel, il se désarma de toute crainte, de tout soupçon, pour goûter le lâche bonheur qu'il trouvait à étreindre sa passion. Les mortelles langueurs qui suivent et punissent les abus de l'imagination énervèrent son esprit, amollirent son cœur, ployèrent ses genoux, le couchèrent enfin aux pieds de cette femme, en lui ôtant jusqu'à l'intelligence de rendre son abaissement profitable. Au lieu de se faire accepter comme amant, il se donna comme esclave, et il fut pris pour tel. Une femme ne refuse guère au front courbé devant elle la faveur de le fouler sous son pied léger, qui pèse alors comme s'il était de bronze, et porte sur le cœur. Ne faut-il pas des degrés au trône d'une coquette ? Devant elle, il est prudent de mettre de la dignité dans l'hommage et de ne jamais plier qu'un genou. Rodolphe, lui, ne se mit pas seulement à deux genoux, il se prosterna. Il devint pitoyable et ridicule, un amant qui abjure son orgueil, un militaire à quenouille, un homme bon à ramasser un mouchoir ou à donner un fauteuil, un de ces individus qui ont la corvée des petits laiderons sans danseurs et des douairières sans partners ; importants dans le salon de leur reine, un peu plus que le valet qui annonce les visiteurs, un peu moins que le roquet qui a le droit de les mordre, mais auquel ils vont ouvrir la porte quand l'animal bien appris a besoin de sortir ; un *patito* enfin. Voilà ce que devint Rodolphe. La femme qui l'avait ainsi dégradé avait un mari vieux, bonhomme, stupide au point de ne pas être jaloux ; il se fit le complaisant de ce mari comme il était le page de la dame. Dans le ménage, cet homme distingué par Napoléon, fut un laquais de plus.

— Permettez, dit Barberin en interrompant son ami ; sur ce point, je ne partage pas votre courroux contre ce Rodolphe. Qu'il ait montré peu d'habileté en se livrant pieds et poings liés, sans faire ses conditions, d'accord :

mais, quant à ces petites bassesses, qui vous font monter le sang au visage, ce sont péchés des plus mignons en amour. On ne déroge pas en faisant ces gentilles choses ! Moi qui vous parle, j'ai fait le portrait d'un chat ; j'ai enseigné la musique à un perroquet ; j'ai marché à quatre pattes comme Henri IV, en portant sur mon dos les deux chérubins d'un ange adoré, deux abominables sapajous qui abusaient de leur position, et prenaient mes cheveux pour une bride ; enfin, pour bassesse suprême, et que vous n'auriez jamais commise, mon vieux grognard, j'ai appelé l'empereur Buonaparte ! Parole d'honneur, j'ai appelé le grand homme Buonaparte ! Mon sacrifice s'adressait à une féroce vertu de la rue de Varennes. Eh bien, savez-vous ce qu'il m'a valu ? Une belle cocarde de satin blanc, qui me coûta quinze jours d'arrêts, notre sous-lieutenant ne l'ayant pas trouvée d'ordonnance. Le grand homme fut vengé.

— Après six mois d'une cour avilissante, après avoir subi tout ce que l'imagination d'une coquette peut inventer de caprices, de désappointements, de cruautés, l'illusion de Rodolphe durait encore, reprit Guerland, il espérait toujours le prix de sa lâcheté. Il ne comprenait pas qu'une femme enrichit l'amour, mais ne lui fait pas l'aumône, et qu'un dédain irréparable est le seul loyer d'un cœur mendiant. Pour détruire son aveuglement, il fallut une lumière imprévue.

Un jour, il dînait avec plusieurs officiers de la garnison ; chacun parla métier d'abord, femmes ensuite quand les têtes se furent échauffées. Il y eut des indiscrétions, des vanteries, des paris ; on afficha des noms, on montra des lettres. Un des convives, pressé sur le chapitre de ses succès, résista d'abord avec cette fatuité qui veut augmenter l'importance du triomphe par l'affectation du mystère. Enfin l'ivresse l'emporta sur la retenue. — « Vous ne saurez pas le nom de ma dame, dit-il, vous ne *blaguerez* pas sur son style ; mais je puis vous faire apprécier son mérite par l'éloquence qu'elle inspire à mes rivaux malheureux ! » Le chef d'escadron jeta un papier sur la table, une lettre de Rodolphe à Valérie.

— Valérie ! répéta Barberin devenu fort attentif depuis quelques instants, c'était un drôle et un fat !

— C'est ce fat qu'elle adorait ! cet homme ivre, prêt à jeter la réputation de celle qui l'aimait aux quolibets d'un dîner d'officiers, un sot sans caractère, et qui n'avait même pas le mérite d'une jolie figure. Ce jour-là il était sous la protection de son ivresse ; mais le lendemain matin Rodolphe le tua en duel. Par bravade, l'amant heureux avait à la boutonnière de son gilet un bouquet offert par son rival à Valérie et que celle-ci lui avait donné comme elle lui donnait les lettres dont sans doute ils riaient ensemble. L'épée de Rodolphe le cloua sur la poitrine du fat, mais en la retirant il emporta le bouquet souillé de sang. Ce bouquet, le voilà, continua Guerland en jetant sur la cheminée la touffe de fleurs séchées qu'il avait montrées au bal ; Rodolphe, c'est moi ; cette femme, vous la devinez ?

En prononçant ces derniers mots, ses yeux d'aigle s'appesantirent sur Barberin avec une expression si incisive, que celui-ci, malgré son assurance, sentit sa prunelle mollir sous ce regard ; il baissa la tête ; mais il la releva aussitôt en rougissant de cette soumission involontaire et dit d'un ton insouciant :

— Maintenant, la morale de la fable ?

— Madame de Valdaunaie fut mourante pendant deux

mois de la mort de cet homme, reprit Guerland. C'est
depuis ce moment qu'elle est sujette à ce tressaillement
involontaire, à cette irritation nerveuse dont vous vous
êtes aperçu. Quelque temps après, elle devint veuve, et
alla habiter Nîmes, je la suivis à Nîmes; elle se sauva à
Lyon, je vins à Lyon; aujourd'hui elle habite Grenoble,
vous me voyez à Grenoble. Une fatalité implacable m'at-
tache à elle. Où elle ira, j'irai; où elle vivra, je vivrai. Ma
persécution égalera son horreur de moi. En se figeant entre nous, le sang de ce fat nous a collés l'un contre l'autre. Le sentiment qu'elle m'inspire aujourd'hui, je ne puis
vous l'exprimer; autant d'amour que d'exécration; des
désirs et de l'horreur; je la veux et je la hais. Je donnerais une moitié de ma vie pour la posséder, je donnerais
l'autre pour pouvoir la changer en homme pendant vingt-
quatre heures. Je la tuerais, voyez-vous, comme je lui ai
tué son amant. Elle m'a fait trop de mal.

Maintenant, dit Guerland en continuant d'un ton plus
calme, écoutez-moi. J'ai été votre témoin, l'an dernier,
quand vous vous êtes battu avec Sabierna. Il est certain
que vous êtes brave; vous pouvez donc vous montrer rai-
sonnable, sans qu'on impute cette prudence à faiblesse.
Vous n'aimez pas cette femme; le hasard vous a jeté sur
son chemin, un caprice vous y a retenu : n'y restez pas
plus long-temps. Croyez-moi, passez outre, mon ami, re-
tournez à Paris : avant d'y être arrivé vous ne penserez
plus à elle, et vous trouverez là mille femmes qui vous
aimeront. Laissez-moi celle-ci, j'ai juré que nul ne l'aurait, et qu'elle resterait sans plaisir d'amour en ce monde.
Vous passerez sur mon corps pour arriver à elle, ou je
vous tuerai comme j'ai tué l'autre; et soyez-en sûr, je
vous tuerais, je sens cela. Ma destinée est de détruire ses
amants, puisqu'elle ne veut pas de moi. Un noble métier
que j'ai pris là, n'est-il pas vrai?

En disant ces derniers mots, il essaya de sourire, mais
ce sourire était plus triste que s'il eût pleuré : sa physionomie farouche prit une expression d'amertume, et sa
tête se pencha lentement sur sa poitrine par un geste
d'accablement. Malgré la légèreté de son caractère et l'anti-
pathie d'une rivalité naissante, Barberin se sentit presque
ému en face de cette passion meurtrière et déses-
pérée.

— Mais enfin, dit-il au bout d'un instant, n'avait-elle
pas le droit de ne pas vous aimer? il fallait lui plaire et
non perdre la tête. A quoi sert une épée en ces sortes de
choses? Vous avez commencé avec elle par un manque
d'habileté, et vous continuez par une cruauté inouïe.
Vous, un homme d'honneur, un militaire, vous tuez une
femme! car votre conduite n'est qu'un long assassinat,
un coup de poignard serait plus humain et plus géné-
reux.

— Que décidez-vous? interrompit Guerland avec brus-
querie.

Horace se leva et fit quelques tours dans la chambre
d'un air de profonde réflexion.

— Nous reparlerons de cette affaire, dit-il enfin. Vous
avez fait un appel à ma raison, j'ai le malheur de n'en jamais avoir impromptu. A demain.

Puis le jeune officier prit une bougie sur la cheminée,
salua son hôte, et rentra dans sa chambre.

III

— L'aventure se complique furieusement, se dit Horace
de Barbérin dès qu'il fut seul. Bah! pour le moment, dor-
mions afin de nous reposer le cerveau.

Dans cette intention philosophique, il se coucha en ré-
citant le premier chant de la *Henriade* qui lui remplaçait
l'opium en cas d'insomnie; malgré l'excitation de son
esprit et l'irritation de ses nerfs, il s'était endormi du
sommeil des justes avant le soixantième vers. Il ne se
leva qu'à midi et tint conseil avec lui-même en s'ha-
billant.

— Je n'ai pas trois partis à prendre. Aller en avant ou en
arrière! En avant, je trouve un duel à mort avec Guerland; je le tue ou il me tue, alternative fort désagréable.
Madame de Valdaunaie vaut-elle la vie d'un homme? Mais
d'abord suis-je amoureux?

La réponse était très-difficile. L'expérience conduit
souvent au pyrrhonisme. Un très-jeune homme ne doute
jamais de la réalité de son amour, la nature en est
trop complice; mais ceux qui ont un peu voyagé par
les sentiers fleuris de la galanterie y perdent presque toujours cette foi du cœur qui croit en lui-même, tant il est
sûr de sa force et de sa pureté!

— Si je retourne en arrière, ne sera-ce pas une faiblesse? M'est-il permis à moi, Horace Barberino *dei Bar-
berini*, de lâcher pied devant un loup enragé?

Le jeune officier flotta longtemps entre ces deux pro-
positions sans pouvoir se résoudre à prendre un parti.
S'il eût été moins gâté par les femmes, ou plus sérieuse-
ment épris, l'emportement d'une passion véritable l'eût
promptement décidé. Mais sa vanité, beaucoup plus en
jeu que son cœur, ne détruisait pas entièrement sa répu-
gnance à verser le sang d'un homme jusque là son ami.
Brave par tempérament, la pensée d'un danger per-
sonnel entrait pour fort peu dans son incertitude. Cet
homme couché en travers de la porte qu'il voulait fran-
chir, et dont il fallait faire un cadavre causait toutes ses
perplexités.

Après deux heures de réflexion, pendant lesquelles il
se promena dans sa chambre, il était irrésolu tout autant
que Hamlet au commencement de son monologue :

— Pas de moyen terme, se dit-il. Il faut sabrer ce
pauvre diable pour m'ouvrir le passage ou plier bagage
à la honte des gardes-du-corps. Du sang ou de la boue
sur mon écusson, jolie perspective! Je voudrais que la
diligence de Paris eût versé en route avec ces deux monstres qui m'ont empêché d'y monter; sans eux je serais
très-pacifiquement étendu au coin de mon feu dans la rue
du Bac, et ce soir j'irais aux Italiens. Je ne peux pas cependant prendre un parti à pile ou face. Si j'allais chez
madame de Valdaunaie?

Cette inspiration dissipa l'incertitude de Barberin. Sans
demander son hôte, avec qui le moindre entretien l'eût
fort embarrassé, il sortit, déjeûna dans un café; puis il
se dirigea vers la rue qu'habitait Valérie.

— Après son évanouissement d'hier, pensa-t-il, j'ai
le droit d'aller demander de ses nouvelles. La prude la
mieux corsée ne saurait y trouver à dire.

Il se présenta donc résolument comme si ses entrées
lui eussent été officiellement accordées. L'air embarrassé

de la femme de chambre qui vint lui parler, une malle et des cartons au milieu de l'antichambre excitèrent à un trop haut point sa curiosité pour qu'il se laissât facilement éconduire ; il insista donc malgré la consigne. Au milieu de la discussion, une porte s'ouvrit en face de lui ; sur le seuil d'un petit salon où régnait un demi-jour, il aperçut la figure pâle et altérée de madame de Valdaunaie. Sans écouter la femme de chambre, il s'avança vers la maîtresse avec l'aisance respectueuse d'un homme du monde ; mais dès qu'il eût refermé la porte, sa contenance toute d'étiquette fit place à cette vivacité de maintien qu'inspire la passion et que les femmes pardonnent.

— Vous partez ! s'écria-t-il, et sans me prévenir !

Pour toute réponse, Valérie prit sur la cheminée un paquet parmi plusieurs autres, et le lui présenta. Barberin ouvrit précipitamment cette lettre en lisant son nom sur l'adresse.

La jeune femme s'assit sur une causeuse, à l'angle de la cheminée, la tête appuyée sur sa main, et les yeux vaguement arrêtés sur le foyer ; la blancheur inanimée de son visage était rehaussée par une robe noire, deuil improvisé ; sa physionomie empreinte de stupéfaction et de terreur disait assez combien la scène de la veille avait eu de retentissement en elle. A chaque instant, son tressaillement nerveux, devenu plus fréquent, troublait par un sursaut douloureux ce corps dont la pose languissante annonçait d'extrêmes fatigues.

— Vous croyez donc enfin que je vous aime, puisque vous avez voulu me dire adieu, dit Horace après avoir achevé sa lecture. Puis, au lieu de prendre un fauteuil, il s'assit près d'elle sur la causeuse où ils se trouvèrent serrés comme dans le coupé où leur connaissance avait commencé. Valérie le regarda craintivement en lui jetant un sourire mélancolique, et dit d'une voix faible :

— Promettez-moi de ne pas me suivre, et de ne jamais chercher à savoir où je serai.

En ce moment, madame de Valdaunaie fut pour lui si belle de tristesse, si séduisante de chagrin et de souffrance, que son irrésolution fut finie, et son parti pris ; le cadavre de Guerland s'effaça de son imagination, il ne vit plus qu'une femme d'autant plus adorable, que nonseulement sa contenance abattue, mais ses efforts pour sourire et pour paraître calme semblaient demander secours et protection. Il sentit bouillonner dans ses veines tout ce que ses pères lui avaient transmis de sang aventureux. Les vieux patriciens de Venise n'eussent pas renié le garde-du-corps leur descendant lorsqu'il se mit à genoux devant madame de Valdaunaie, les joues colorées et les yeux animés de cette exaltation qui sied à la jeunesse.

— Je sais tout, lui dit-il d'une voix attendrie, Guerland m'a tout appris ; mais la torture qu'il vous fait subir a duré trop long-temps, je vous en délivrerai, Madame ! Acceptez-moi pour défenseur. Vous le savez, autrefois les victimes de quelque odieuse entreprise se mettaient sous la sauvegarde d'une épée ; voulez-vous la mienne ? Je n'exigerai pas votre cœur en retour, vous me renverrez quand je ne vous serai plus utile ; oui, je ne réclame que le droit de vous défendre, de me dévouer pour vous, et ne veux pas faire succéder la persécution à la tyrannie. Dites-moi, Valérie, poursuivit-il à voix basse en serrant la main glacée qu'on lui abandonnait, faut-il tuer cet homme ? — Je le tuerai, dit-il en voyant qu'elle se taisait.

L'éloquence de cette voix vibrante, de ce regard toujours tendre quoique fier avait empêché madame de Val-

daunaie de saisir le sens effrayant des paroles ; au lieu de répondre, elle regardait son défenseur ; pendant un moment elle oublia sa position, et rentra dans sa nature coquette et impressible. Un orgueilleux plaisir lui caressa le cœur, quand elle vit à ses genoux ce jeune champion qui devait se tenir debout si vaillamment devant les hommes ; il lui plut, et déjà l'éclat naissant de ses yeux promettait des aveux , quand il s'éteignit soudain.

— Il vous tuera, dit-elle avec l'accent d'une morne conviction. Et sa tête tomba sur sa poitrine, comme par une soumission à une fatalité reconnue, éprouvée.

En ce moment le pas d'un cheval se fit entendre au dehors. Madame de Valdaunaie se redressa, écouta un instant et frissonna ; elle s'approcha de la fenêtre, regarda à travers le rideau de mousseline, sans le soulever, et fit signe à Horace de venir. Guerland passait dans la rue ; en arrivant devant la croisée, il leva la tête, et ses yeux envoyèrent un double éclair aux deux amants. La jeune femme, cédant au pouvoir de ce regard, repoussa vivement Barberin comme si elle eût craint qu'il ne fût aperçu malgré le rideau ; puis elle revint en chancelant jusqu'à la causeuse où elle se laissa tomber à demi-morte.

— Il passe tous les jours, dit-elle enfin. Partout où je suis, il passe ainsi. Quand j'entends son cheval, mon sang se glace ; et si je ne meurs pas bientôt, je deviendrai certes folle. Hier au bal vous me trouviez heureuse, jolie ; que pensez-vous aujourd'hui de mon bonheur et de ma beauté ?

Par un mouvement rapide et d'une franchise peu habituelle aux femmes, elle se tourna vers la fenêtre pour que le jour tombât directement sur son visage. Était-ce oubli complet de coquetterie, était-ce raffinement ? Peutêtre avait-elle pressenti l'impression que devait produire sur l'âme généreuse de son chevaleresque ami cette pâleur languissante, ces yeux rougis et cernés, toute cette doléance de châtelaine victime d'un félon. Cette impression fut profonde. La veille, Horace en la rencontrant dans le triomphe de sa beauté, lui avait fait la cour sur un pied d'égalité parfaite, en homme qui savait le prix de son hommage ; en la retrouvant aujourd'hui triste et malheureuse, il s'inclina devant elle sans restriction dans son dévouement, ni retenue dans son offrande.

— Un mot, de grâce, dit-il d'un ton suppliant en réponse à l'humilité réelle ou affectée des dernières paroles de Valérie. Le nom de la ville où vous allez ?

Ces mots furent accentués par tant d'amour et de persévérance, que la coquette les savoura malgré la terreur qui l'agitait ; elle regarda Barberin, détourna la tête, le regarda de nouveau, eut l'air d'hésiter ; enfin, au lieu de répondre, et par une sorte de terme moyen entre un consentement et un refus, ses yeux se portèrent sur une lettre posée sur la cheminée. L'amoureux se pencha, lut l'adresse : A madame de Miolens, à Toulon. — Toulon ! répéta-t-il à voix basse, et la joie sur les traits. Oh ! dites, ne me trompez-vous pas ?

Les yeux languissants de la jeune femme se ranimèrent subitement et lui lancèrent un de ces regards fugitifs qui semblent promettre d'éternelles tendresses.

— Rien ne peut donc vous détacher d'une femme malheureuse, dit-elle d'une voix dont la douceur révélait une reconnaissance anticipée.

Ils s'étaient compris sans qu'aucun mot décisif eût été prononcé. Un vague sourire, qui annonçait la foi dans le bonheur retrouvé, éclaira au même instant leurs visages, et le soleil d'hiver, passant à travers les rideaux, les enveloppa d'un rayon caressant.

— C'est l'espérance ! le ciel est notre complice, dit l'amant en montrant à Valérie la bande d'or qui brillait dans la chambre.

— Vous resterez un mois à Grenoble, et vous irez ensuite à Paris, repartit madame de Valdaunaie en affectant l'accent tendrement impératif d'une femme qui prend possession d'un nouvel amour.

— Oui, j'irai par Paris, répondit-il en souriant finement.

— Et maintenant, adieu ! reprit-elle en lui tendant la main ; et surtout qu'il ne sache pas que vous êtes venu. Dans deux heures je serai partie.

Cette main offerte, Horace la baisa sans qu'elle lui fût retirée ; il sortit ensuite par un escalier qui conduisait dans une rue autre que celle où donnait la principale porte de la maison. Il sourit en lui-même de cette fausse allure d'amant heureux en se proposant d'en avoir les réalités sur le riant rivage de la Méditerranée. Prudent comme les roués qui n'en sont encore qu'aux semailles, il voulut tromper les soupçons, alla dîner à la préfecture, et y apprit, avec un étonnement joué, le départ de madame de Valdaunaie, la grande nouvelle de la soirée. Lorsqu'il rentra chez son hôte, il le retrouva seul dans son cabinet et fut reçu par lui d'un air froidement observateur.

— A quand notre duel à mort ? dit en entrant Barberin d'un ton dégagé. Vous savez le tour que nous joue cette belle Angélique ? Elle nous plante là comme Roland et Ferragus au milieu de la forêt des Ardennes.

— Vous ne suivez pas madame de Valdaunaie ? demanda Guerland sans se dérider.

— Je n'ai pas votre talent pour deviner les traces perdues, ni votre persévérance à courir après une femme qui se sauve. Je ne suis pas habitué à faire fuir les coëffes ! Si l'amour de cette belle enchanteresse doit être le prix de la course, le dispute qui voudra ! D'ailleurs, je viens de voir chez ma cousine une petite dame blonde, madame de Serneillan, qui a changé le cours de mes idées ; celle-là ne se sauvera certes pas plus loin que de son salon à son boudoir. Au mois de janvier, j'aime mieux une perdrix dans son sillon que cette biche des Alpes avec laquelle le moindre danger à courir est une fluxion de poitrine, sans compter votre estramaçon. Si vous le permettez, je dresse ici ma tente pour un ou deux mois.

Guerland le regarda d'un air assez incrédule, mais il ne fit aucune question nouvelle, et répondit courtoisement à cette demande. L'ex-garde-du-corps, prudent pour la seule fois de sa vie, resta le mois entier à Grenoble, comme le lui avait ordonné la dame de ses pensées. Le trentième jour, assez glorieux de cette raison inaccoutumée, il prit congé de son hôte en prétextant une affaire qui le rappelait impérieusement à Paris.

— Surtout, lui dit Guerland, rappelez-vous mes recommandations. Ne revoyez jamais cette femme. Ce serait la mort de l'un de nous.

Pour la première fois depuis un mois, l'idée de Valérie était rappelée. Pendant tout ce temps, les deux amis avaient apporté un soin égal à éviter ce sujet dans leurs conversations. Mais ce soin indiquait de part et d'autre une préoccupation, et, en entendant cette phrase, Bar-

berin crut apercevoir que Guerland l'avait aussi bien observé qu'il avait lui-même observé Guerland. Alors il prit un air étonné pour dire :

— Quelle femme ? Ah ! madame de Valdaunaie, histoire ancienne ! Savez-vous où elle est ?

— Je le saurai, reprit Guerland avec l'accent d'une volonté de fer.

— Cherche ! pensa l'amant en espérant encore jouer son ami. Elle est allée d'ici à Turin, je vais à Paris ; tu es bien fin si tu devines où ces deux lignes doivent se rejoindre.

IV

Trois mois après la séparation des deux rivaux, au milieu d'une de ces belles nuits du mois de mai, qui, à Toulon, ont la transparente sévérité des nuits orientales, une porte s'ouvrit discrètement dans la rue Saint-Roch. Au soin que mit à la refermer sans bruit le jeune homme qui parut sur le seuil, il était facile de voir qu'il ne voulait pas exposer une femme aimée aux médisances des gens de province, auxquels les usages parisiens sont inconnus, et qui admettent difficilement l'innocence d'une causerie quand elle dure jusqu'au matin. Avant de se hasarder au dehors, il regarda de tous côtés, prêta l'oreille ; ne vit rien qui pût l'inquiéter, ni aux fenêtres, ni sur le pavé, et n'entendit que le bruit de la mer si sonore par le silence de la nuit. D'un pas rapide et léger il descendit alors la rue Saint-Roch jusqu'à la place du Champ-de-Bataille, traversa les allées bordées d'arbres qui l'entourent, et se dirigea vers le port. Au moment où il arrivait à l'angle rentrant où se trouve l'entrée de l'arsenal de marine, le bruit d'un pas attira son attention, et lui fit retourner la tête. Il distingua un homme enveloppé d'un grand manteau.

— Encore l'espion de la nuit dernière ! se dit le jeune homme vivement contrarié par cette rencontre. Je vais lui donner une leçon.

Il s'arrêta en fronçant le sourcil d'un air qui promettait un accueil peu gracieux au curieux impertinent. L'inconnu s'avança gravement sans que cette démonstration eût l'air de lui causer la moindre indécision. Entre le bord de son chapeau et le pan de manteau jeté sur son épaule on n'apercevait que deux yeux brillants de colère.

— Vous êtes en avance, mon Roméo, dit-il en passant, l'alouette n'a pas encore chanté.

— Depuis quand les mouchards lisent-ils Shakspeare ? demanda l'amant d'un ton de hauteur.

— Depuis que les gardes-du-corps se cachent, reprit l'homme au manteau avec un rire dédaigneux. M. de Barberin, votre œil est fatigué et votre bras également. Demain vous aurez besoin de l'un et de l'autre ; allez vous reposer.

Barberin reconnut en même temps le son de cette voix, l'éclat de ce regard, et ces ardentes moustaches qui tranchaient sur la couleur sombre du manteau. Avant que l'espèce de stupeur où cette apparition avait plongé son hôte se fût dissipée, Guerland s'était éloigné vers la rue Royale.

— Il a trouvé la piste, se dit Horace quand il se vit seul, il paraît qu'il y aura des épées ; il faut avouer que c'est un gaillard qui a de la suite dans les idées. Bah ! advienne que pourra ; il m'a donné un conseil d'ami : allons dormir.

Il continua son chemin en bâillant, et arriva bientôt au logement qu'il avait loué sur le Port.

— O Henriade ! c'est le cas de me verser tes pavots, s'écria-t-il en se déshabillant rapidement.

Cette prière fut exaucée ; car avant un quart-d'heure il dormait avec la vaillante insouciance de Turenne sur son canon. Après quelques heures d'un repos dont il semblait avoir grand besoin, il s'occupa de sa toilette à laquelle il mit ce raffinement de coquetterie des mousquetaires qui se paraient de leurs plus belles manchettes pour les jours de combat. Son appétit fut inaltérable, et après son déjeûner il sortit, le jarret tendu, la tête haute, en fredonnant l'air du *Nouveau Seigneur :*

> Mais en tout, même en amour,
> C'est beaucoup d'avoir un jour.

Décidé à ne rien changer à ses habitudes et à voir venir son adversaire, il fit plusieurs tours de promenade sous les allées du Champ-de-Bataille, accosta quelques officiers de marine avec lesquels il avait fait connaissance depuis son arrivée à Toulon, et finit par entrer dans leur café où il lisait ordinairement les journaux. La première figure qui s'offrit à lui fut celle de Guerland assis dans un coin près d'un individu a moustaches et à ruban rouge, dont la physionomie appartenait à celles qu'a immortalisées Charlet. Les rivaux échangèrent un regard également hautain, et ne se saluèrent pas. Horace parut bientôt complètement absorbé par la lecture du *Drapeau Blanc ;* mais ses yeux seuls y étaient fixés ; ses pensées turbulentes voyageaient un peu loin de la feuille royaliste et pouvaient se formuler dans cette seule phrase :

— A tes ordres, quand tu voudras ! Mais fusses-tu le diable en personne, tu n'en auras jamais rien, même après ma mort.

Pendant quelque temps les deux jeunes gens, assis chacun dans son coin, restèrent en apparence parfaitement indifférents l'un pour l'autre. Guerland jouait aux échecs avec son compagnon. Horace semblait épeler le *Drapeau Blanc* en fumant un cigare. Au milieu du café, un groupe d'officiers de marine causait d'une manière animée. Quelques promotions dans leur arme, annoncées par les journaux du matin, inspiraient à presque tous une mauvaise humeur qui aigrissait leurs interminables discussions sur une faveur dont la distribution tenait plus compte de l'opinion que du mérite.

— Partout règne le même système, fit observer tout à coup une voix dont l'accentuation ferme et sonore imposa le silence. Dans toutes les armes, même injustice : à chaque promotion les vieux officiers de l'armée de terre voient un tas de blancs-becs de la garde ou de la maison du roi leur passer sur le ventre ; des beaux-fils qui ont fait toutes leurs campagnes dans les antichambres et ne connaissent de poudre que celle de la route de Gand !

Guerland était debout à quelques pas de Barberin, le toisant par un regard qui semblait ajouter un défi à l'insulte de chaque parole. Les yeux de tous les témoins de cette scène se fixèrent sur les deux officiers en attendant la réponse que devait inspirer au garde-du-corps un langage dont l'intention était évidente. Sans se lever, le fils des doges frappa la table avec la planche de son journal, comme pour commander l'attention, et dit d'une voix calme au milieu du plus religieux silence :

— Ayant eu l'honneur de servir dans la maison du roi, je regarde comme m'étant personnelle l'insulte qui vient de lui être adressée. Biarville, continua-t-il en s'adressant à un enseigne de vaisseau assis à une table voisine, je ne vois ici aucun officier de la garde, me ferez-vous l'amitié d'être mon témoin et de vous entendre avec monsieur ?

— L'affaire est-elle de nature à s'arranger ? demanda l'enseigne en se rapprochant de lui, car cette provocation à brûle-point m'a l'air d'une ruse de guerre destinée à tromper les curieux.

— Pas autrement que par la mort de l'un de nous, répondit Horace.

Sans faire d'autre observation, et avec l'impassibilité d'un homme trop habitué à jouer sa vie pour s'étonner de quelque chose, le marin aborda Guerland et son compagnon, causa quelque temps avec eux à voix basse, et revint près de son champion qui avait repris tranquillement la lecture du *Drapeau Blanc.*

— Les gardes-du-corps passent pour de bonnes lames, dit tout bas Biarville ; je ne connais pas votre force, mais je sais que ce Guerland est un pilier de salle d'armes ; j'ai donc pensé que le pistolet vaudrait mieux. Il fait un joli temps. Que diriez-vous d'une petite promenade en rade jusqu'à la Seyne ? Quand le vin est tiré, mon avis est de le boire frais.

— Menez-moi boire, répondit Barberin.

— En ce cas, je vais chercher mes pistolets de combat et dire un mot au chirurgien de l'*Ajax* que je vois là-bas au bout du Champ-de-Bataille. Soyez dans un quart-d'heure sur le port.

Horace avait rencontré dans madame de Valdaunaie l'*ange* calomnié, qui dédaigne de répondre à la calomnie. Valérie avait gardé l'histoire de sa vie pour qui pouvait l'entendre sans devenir un juge ; elle avait vu dans Barberin une alliance aussi belle aux yeux du monde qu'elle était magnifique pour le cœur ; et si l'amant avait souffert, l'époux espérait un si riche avenir que l'homme s'était toujours effacé. Mais le garde-du-corps redevint homme, et ne voulut pas quitter sottement la vie. Il saisit donc Biarville par le bras, et l'arrêta.

— Non, pas aujourd'hui, dit-il en souriant. Chacun a ses caprices ; pour moi, je ne saurais me battre entre mes repas. Arrangez l'affaire pour demain matin, à sept heures je serai chez vous.

Sans faire d'objection, le marin communiqua ce nouvel arrangement au couple ennemi. En apprenant ce délai de vingt-quatre heures auquel il ne pouvait s'opposer, et dont il crut deviner la cause, Guerland retint avec peine un geste de fureur. Il sortit du café en essayant de foudroyer par un regard son adversaire, qui, négligemment accoudé, le salua au passage par un sourire où il concentra la pitié que les riches témoignent aux pauvres. Une demi-heure après, Barberin sortit à son tour, alla sur le port, loua un petit radeau qu'il gouverna lui-même, et se promena long-temps à travers la rade. Tout en ramant, il fredonnait le motif du *Nouveau Seigneur,* dont la mélodie s'était logée dans son cerveau, sans doute parce que la philosophie des paroles résumait, en deux vers, toutes ses pensées. Quand vint son heure d'aller chez madame de Valdaunaie, il s'y rendit, et se montra gai. La scène qui venait d'avoir lieu, le duel du lendemain semblaient exalter son esprit au lieu de l'assombrir, et donnaient à l'expression de son amour une grâce et une vivacité nouvelles. Mais l'exagération de cette amabilité lui fit manquer le but. Au lieu de s'animer au feu de la conversation de son ami, Valérie, plongée depuis le matin dans une invincible mélancolie, devint de plus en plus triste et pensive, et son abattement finit par se changer en inquiétude.

— Il vous est arrivé quelque chose ? dit-elle éclairée par une divination soudaine, j'en suis sûre, ne me trompez pas. Ordinairement, vous n'êtes pas joyeux quand je suis triste. Si vous prenez tant de peine pour me cacher votre pensée, elle couvre certes un malheur ; je connais votre générosité, Répondez-moi, je veux tout savoir.

— Je veux ! Voyez donc qu'elle reine impérieuse je me suis donnée, répondit Barberin en lui caressant les cheveux ; mais, vainement il chercha par la tendresse de ses manières à dissiper le soupçon naissant de Valérie et à faire éclore dans son cœur ces impressions enchanteresses qui effacent toutes les autres.

— Horace, répondez-moi ! reprit-elle en résistant à cette séduction. Dites-moi ce que vous pensez ?

— Je vous aime, voilà toute ma pensée...

Son sourire avait une grâce si pénétrante, qu'en tout autre moment madame de Valdaunaie n'eût pas eu la force d'en demander plus ; mais la voix du pressentiment l'emporta sur les mensonges de l'amour.

— Vous me trompez, dit-elle, il est ici !

Horace essaya inutilement de sourire ; il sentit s'étaler sur son visage une rougeur ardente.

— Toujours ce cauchemar ! s'écria-t-il pour expliquer la soudaine ébullition d'un sang trop véridique. Mon amour n'est donc pas assez puissant pour vous guérir de cette folie ? Si vous m'aimiez, penseriez-vous à *lui ?*

Par une sorte de bouderie, mais en réalité pour se soustraire au regard profond par lequel Valérie le pénétrait jusqu'au fond de l'âme, il se leva, s'approcha de la fenêtre ; mais il se retira aussitôt, et la referma : il avait aperçu, sous l'allée du Champ-de-Bataille, Guerland immobile, les yeux fixés sur la maison de madame de Valdaunaie. Comprenant l'inutilité d'un mensonge qu'un seul regard au dehors pouvait confondre, il vint se rasseoir auprès de sa future femme, l'enlaça doucement de ses bras, lui prit les mains, et après une muette étreinte dont un sourire plein de sérénité augmentait encore la tendresse :

— Il est ici, lui dit-il ; mais pourquoi pâlir et trembler ? ne suis-je pas près de vous ? Quand vous étiez seule et sans protection, sa présence devait vous effrayer, je le comprends ; maintenant que pouvez-vous craindre ? ne suis-je pas là ? Avoir peur de lui, c'est me croire incapable de vous défendre. Le jour où vous m'avez pris pour chevalier, vous ne me méprisiez pas ainsi, Madame.

Il se laissa glisser à ses genoux sans rompre le tremblant collier par lequel il l'avait enlacée. Valérie, les joues couvertes d'une pâleur mortelle, restait immobile entre ses bras, froide et insensible à tout ce qu'il lui disait pour lui communiquer son courage.

— Vous l'avez vu ? demanda-t-elle faiblement après un long silence.

— Oui, nous nous sommes rencontrés. Mais ne pensez donc plus à cet homme. Regardez-moi et dites-moi si vous m'aimez mieux aujourd'hui qu'hier.

— Et vous devez vous battre ?

— Quel enfantillage ! ne sommes-nous pas amis !

— Il est ici pour vous tuer, interrompit Valérie avec véhémence. Écoute, Horace : tu sais que s'il te tue, j'en mourrai. Veux-tu que je meure ? Si je te dis : Ne va pas à ce duel ; partons ce soir pour l'Espagne, pour n'importe quel pays où il ne puisse nous retrouver ; si je dis cela, mon Horace, m'obéiras-tu ?

Barberin secoua la tête en lui jetant un sourire mélancolique.

— Ferais-je une action qui m'attirerait votre mépris ?

— Ah ! j'ai donc deviné ! dit-elle d'une voix profonde et altérée... Quand vous battez-vous ? Est-ce aujourd'hui ?

— Aujourd'hui ! voulez-vous me chasser ? Je suis si bien près de vous !

— Jurez-moi sur votre honneur de rester ici jusqu'à demain, lui dit-elle en se levant par un mouvement où éclata son despotisme de femme aimée.

— Il n'est pas besoin de serment répondit le jeune homme en souriant d'un air fin ; depuis longtemps je désirais cette grâce, pourquoi faut-il que je la doive à la peur ? Mais vous allez au bal chez madame de Miolens ?

— Ainsi, vous vous battez demain, se dit à elle-même Valérie, les yeux fixés sur le parquet, les lèvres frémissantes, et se passant machinalement la main sur le front, comme pour dissiper par cette pression magnétique le chaos de mille pensées confuses.

— Oui, j'irai au bal de madame de Miolens, dit-elle enfin d'un air rêveur ; mais je reviendrai de bonne heure. Vous m'attendrez, sans sortir : j'ai votre parole, y manquer ce serait renoncer à moi, continua-t-elle avec une étrange énergie.

— Voulez-vous m'enfermer ? dit Horace en riant, emportez la clé de votre chambre dans votre bouquet.

A ce mot de bouquet, la jeune femme frissonna. Horace comprit sa gaucherie et s'efforça de la réparer. Valérie, rassurée par la promesse que son amant lui faisait de ne pas sortir, ou feignant de l'être, reprit les manières tendres dont elle lui avait fait une habitude. Elle n'épargna rien pour adoucir et charmer la captivité de celui qu'elle nommait en souriant son prisonnier. Elle l'entoura de ces attentions pleines de raffinement et de câlinerie par lesquelles les femmes se font tout pardonner. Dans les moindres nuances de sa conversation, dans les gentils arrangements de leur dîner en tête-à-tête auxquels elle-même présida, enfin, dans les plus petits événements de cette journée qui pouvait être pour eux la dernière, elle déploya des trésors de séduction encore inconnus à celui qu'elle n'avait jamais voulu traiter en amant. Jamais elle n'avait paru si séduisante.

— Pauvre Valérie ! se dit Horace. Est-elle enfant ! une promesse la rassure, un mot la trompe, et Guerland croyait la connaître ! Demain peut-être...

Il chassa cette pensée du lendemain, poison amer qui germe dans le fruit de toutes nos joies ; il ne songea plus qu'au bonheur ineffable du présent et rendit à sa belle maîtresse passion pour passion. Cette journée enfin fut de celles qui font dire aux amants : Une encore et mourir !

Quand l'heure du bal fut venue, madame de Valdaunaie se fit habiller. Avec la dextérité d'un homme qui n'est pas neuf à pareil métier, Horace mit la dernière main à la toilette de celle qui devait être bientôt madame de Barberin, changea selon son caprice la disposition des fleurs et des cheveux, lui mit ses gants, non sans baiser bien des fois les bras ronds et satinés qui lui étaient abandonnés languissamment. Une vive rougeur colorait le visage habituellement pâle de Valérie, rehaussait l'expression de ses yeux et donnait à sa beauté une expression de vie inaccoutumée.

— Ange, lui dit son amant lorsqu'elle partit, je vais être jaloux jusqu'à ton retour !

La jeune femme baissa la tête sans répondre, et se refusa au dernier baiser qui lui fut demandé ; puis, enveloppée dans une pelisse qui la cachait en entier, elle sortit et enferma Horace dans sa chambre. Un moment après, le roulement d'une voiture annonça son départ.

Fidèle à son insouciante philosophie, l'amant s'étendit sans gêne sur un divan où il ne tarda pas à dormir en homme qui ne sait s'il retrouvera jamais un sommeil aussi voluptueux, même bercé par l'espérance. Madame de Valdaunaie avait fait monter sa femme de chambre avec elle. Quand, après avoir traversé plusieurs rues, la voiture entra dans celle où demeurait madame de Miolens, Valérie tira violemment le cordon.

— Où m'avez-vous dit qu'il logeait, Justine ? demanda-t-elle d'une voix sourde, je ne me le rappelle pas, je n'ai plus de mémoire.

— A l'hôtel du Lion-d'Or, Madame, répondit la femme de chambre aussi troublée que l'était sa maîtresse ; sur une petite place à cinquante pas d'ici.

— C'est bien, attendez-moi, dit madame de Valdaunaie en descendant.

Puis, sans permettre à son domestique de la suivre, elle s'éloigna rapidement. Il était onze heures ; les rues étaient désertes ; la cloche du couvre-feu, vieil usage encore observé dans quelques villes, achevait lentement sa sonnerie lugubre. Au dernier coup, la pauvre femme frappait à la porte de l'hôtel du Lion-d'Or.

<h2 style="text-align:center">V</h2>

— Monsieur le chef d'escadron Guerland ! dit Valérie d'une voix brève au domestique qui vint ouvrir.

A la vue de cette femme, enveloppée de la tête aux pieds dans un manteau, et qui ne laissait apercevoir que ses yeux brillants sous son capuchon, le laquais fit un pas en arrière : — Au numéro cinq....., madame ; monsieur ne veut recevoir personne , s'écria-t-il, en se rappelant sa consigne ; mais l'inconnue mystérieuse avait passé devant lui légère comme une ombre.

Assis devant une table sur laquelle étaient éparses plusieurs lettres déjà terminées, Guerland écrivait peut-être son testament ; plusieurs papiers venaient d'être brûlés, car des pellicules noirâtres voltigeaient au moindre courant d'air, et la chambre était parfumée par une forte senteur de cire à cacheter. Malgré la lueur de deux bougies, l'œil pouvait à peine distinguer dans un coin un porte-manteau entr'ouvert, sur le lit deux épées liées ensemble par leurs ceinturons, et sur la cheminée une boîte à pistolets. Au bruit de la porte qui s'ouvrait sans qu'on eût frappé, l'officier retourna la tête. Sa surprise et son émotion furent telles, qu'il laissa échapper

Madame de Valdaunaie se tenait immobile devant lui. Son manteau glissa, elle apparut à découvert dans le frais éclat de sa toilette de bal comme une étoile dévoilée par un nuage. Son visage, coloré par la fièvre, reflétait les teintes roses de sa robe, et ses yeux, fixés sur son persécuteur, exprimaient la fermeté qu'inspire parfois le désespoir. Malgré la grâce de cette apparition, Guerland ne

ressentit ni vanité, ni bonheur, mais une sorte de terreur mystérieuse. La présence de Valérie dans sa chambre à cette heure, était un événement tellement inattendu qu'il eut besoin d'un effort de sa raison pour se persuader qu'il n'était pas le jouet d'une vision surnaturelle. Après quelques instants d'une contemplation mutuellement silencieuse, Guerland se leva enfin. La jeune femme l'arrêta d'un geste.

— Valérie ! s'écria l'amant dédaigné à qui un seul regard avait fait reprendre le collier de son ancien servage.

— Avant de me parler, écoutez-moi, dit madame de Valdaunaie d'une voix altérée. Peut-être ai-je des torts envers vous ; ces prétendus torts, je me les reproche amèrement ; s'ils justifient votre cruauté, sans doute ils ont été bien grands. Il y a trop longtemps que dure le supplice auquel vous m'avez condamnée. Je n'ai plus ni courage, ni volonté ; vous m'avez brisée sous votre main de fer. Enfin, que voulez-vous de moi ? Ma vie ? prenez-la, je me mets à votre merci.

Elle s'avança vers lui par un mouvement plein de dignité, et de l'air assuré d'une victime qui sait noblement présenter la tête.

— Votre vie ! répondit Guerland en souriant avec amertume, vous savez bien que, même en ce moment, s'il vous fallait la mienne, je ferais peut-être la folie de vous la donner. Ce n'est pas votre sang que je veux, Valérie.

— C'est le sien, n'est-ce pas ! s'écria-t-elle ; vous voulez le tuer parce qu'il m'aime. Eh bien ! vous me tuerez du même coup ; je l'aime aussi, moi, et s'il meurt, je mourrai.

— Il y a trois ans, êtes-vous morte ?

Cette réponse, prononcée d'une voix ironique et implacable, loin de l'étonner, la trouva calme ; elle sourit dédaigneusement.

— J'avais vingt-deux ans, dit-elle, j'étais la femme d'un vieillard ! les gens faibles sont impitoyables ; mon mari fut d'une bonté divine, et vous !...

— Madame, les femmes ont toujours raison ; je suis faible comme un enfant quand je vous vois, mais seul, j'écoute mon épée.

A ces mots, l'idée du danger qui menaçait Horace fit tomber madame de Valdaunaie sur ses genoux pour implorer la pitié de l'homme qu'elle avait jadis courbé devant elle comme un esclave.

— Oh ! ne le tuez pas ! dit-elle avec angoisse et désespoir ; ma vie ne peut-elle suffire à votre haine ?

— On ne tue pas les femmes et je n'ai point de haine, répondit Guerland, dont les yeux ardents avaient soudainement changé d'expression. Malgré les efforts de Valérie pour rester à genoux, il la releva.

— Je vous aime, reprit-il d'une voix profondément émue, je vous aime comme personne n'a su et ne saura jamais vous aimer. Vous pouvez racheter la vie de cet homme.

Madame de Valdaunaie comprit ces paroles et le regard qui les accompagnait ; elle ne détourna pas les yeux, ses joues ne se colorèrent pas : il est des dévouements dont l'exaltation domine les vulgaires émotions de la pudeur.

— Jurez-moi, dit-elle, par le serment que vous respectez le plus, que ce duel n'aura pas lieu, ni demain, ni jamais.

— Il est gentilhomme et je suis soldat, la provocation

-a été publique, répondit l'officier d'un air d'embarras qui remplaça un instant le triomphe naissant de ses yeux et de son sourire.

— Votre réputation vaut-elle plus que la mienne ? lui dit brusquement Valérie. Je veux votre parole, sans réserve, sans ambiguité ; vous avez provoqué ce duel, c'est à vous de l'empêcher. Demain vous donnerez les satisfactions et vous ferez les excuses qu'on vous demandera. Personne ne vous accusera de lâcheté. Jurez-moi cela sur votre honneur, et je vous... croirai.

— Je le jure sur mon honneur, et sur mon amour, répondit Guerland enivré de son bonheur. Puis il reprit aux pieds de la jeune femme cette place où si longtemps il avait prié en vain ; cette fois c'était un maître et non un esclave qui se mettait à genoux.

Quand madame de Valdaunaie rentra chez elle, à deux heures du matin, elle trouva Horace profondément endormi sur le divan. Elle alla s'asseoir loin de lui dans un coin de la chambre, et pleura longtemps en gardant sur la bouche un mouchoir pour étouffer ses sanglots. Sa douleur, à la fin, déborda en larmes si amères, en gémissements si convulsifs, que Barberin se dressa sur son séant.

— Il n'est pas sept heures ! s'écria brusquement le jeune homme. Il se leva, ouvrit un des volets et vint regarder l'heure à la pendule ; il aperçut alors Valérie qui s'approchait de lui, les yeux secs, un sourire sur les lèvres.

— Ah ! vous m'avez laissé dormir, lui dit-il avec un accent de tendre reproche, et maintenant voici le jour, il faut vous quitter.

— A ce soir ! dit-elle en se jetant dans ses bras et en répondant à l'étreinte ardente qui l'accueillit par une étreinte non moins passionnée.

— Ce soir ! pensa Barberin, reviendrai-je ce soir ? Bah ! chassons cette sensiblerie larmoyante ; elle amollit les nerfs et obscurcit la vue. En ce moment , il s'agit d'être ferré sur la feinte de seconde et sur le contre de quarte. Quelle sottise ! je me bats au pistolet ; il s'agit de ne pas avoir la berlue.

— A ce soir, mon ange ! à ce soir, ma vie ! dit-il encore une fois, et, prenant aux lèvres de sa maîtresse un dernier baiser comme pour en aspirer l'âme, il s'élança hors de la chambre.

— Il vivra ! s'écria madame de Valdaunaie, lorsqu'il fut sorti ; mais moi ! je mourrai, sans être regrettée.

Quand la femme de chambre, inquiète du silence profond qui régnait dans l'appartement de sa maîtresse, y entra pour faire son service, Valérie gisait sur le parquet froide et inanimée.

Le soir était venu, lorsqu'elle sortit enfin de son évanouissement. Son premier mot, qu'on prit pour une divagation du délire, fut de demander s'il y avait dans le port quelque navire près de partir. L'idée de fuir jusque dans une île déserte cet homme acharné dans sa poursuite et dans son amour, se fit jour avant toute autre dans le chaos de son esprit. Une réflexion de prudence, presque aussitôt éclose, l'empêcha d'insister sur cette question. Importunée des soins qu'on lui prodiguait, elle voulut être seule, et renvoya jusqu'à sa femme de chambre.

La nuit commençait, elle se mit à la fenêtre. Là, cachée par la persienne, elle resta le front dans ses mains, abîmée dans une rêverie pleine de tristesse et d'abattement, au milieu de laquelle passait à chaque instant comme un spectre la figure passionnée et meurtrière de Guerland. Une foi sans bornes dans le serment qu'il lui avait fait, un affreux pressentiment d'avoir été trompée par lui, jetaient son âme dans les émotions extrêmes de la confiance et du désespoir. Malgré l'obsession de cette vision, ses yeux par une perspicacité machinale, ne perdaient rien de ce qui se passait dans la rue, et suivaient avec une anxiété promptement changée en désappointement, chaque homme dont la tournure lui rappelait celle de Barberin. Peu à peu, les passants devinrent plus rares, les boutiques se fermèrent, et les lumières des appartements commencèrent à disparaître. La cloche annonçant la fermeture des portes de la ville de guerre avait cessé depuis longtemps ; minuit enfin venait de sonner, minuit, l'heure de l'amour et de la tombe ; l'heure à laquelle Horace, bravant la surveillance et la jalousie, venait chaque soir causer avec elle. Au dernier coup, Valérie se retira de la fenêtre avec un mouvement de joie ; elle avait aperçu celui qu'elle attendait, se glissant silencieusement le long des maisons ; elle avait reconnu son pas muet pour tout autre, sa démarche et ses précautions infinies. En sentant près d'elle celui qu'elle aimait et dont elle avait si chèrement racheté la vie, son cœur se ranima ; le sang, que la terreur y avait refoulé, en jaillit et fit courir dans ses veines une chaleur nouvelle. Un vague pressentiment d'être délaissée par Horace s'il savait jamais la vérité, et de trouver l'ingratitude pour prix du dévouement ; la purification qu'il semble alors si naturel à une femme de demander à l'amour ; peut-être l'avidité du bonheur qu'elle voulait en le sentant près de s'évanouir, triomphèrent de la retenue qu'elle avait jusqu'alors imposée à sa tendresse pour la légitimer. Sans prendre de lumière, elle se précipita, impatiente de presser la main d'Horace, traversa son cabinet de toilette, ouvrit une porte donnant sur un escalier dérobé, et se jeta dans les bras de l'homme qui entrait :

— Horace ! s'écria-t-elle en l'étreignant avec force.

— Valérie ! répondit une voix dont le son courut dans toutes ses veines comme un sang glacé.

Madame de Valdaunaie tomba dans les bras de Guerland, qui la porta dans sa chambre, l'assit sur un fauteuil, vint refermer les portes, et se rapprocha d'elle avec le sourire affreusement ironique qu'elle lui avait vu une fois, le jour où il avait tué son premier rival. Immobile dans la position où il l'avait placée, Valérie le regardait d'un œil stupide.

— Voilà une clef que je vous rapporte, dit-il lentement, il est imprudent de livrer ainsi l'accès de son appartement.

— Horace ! balbutia madame de Valdaunaie , comprenant à demi le sens horrible de cette clef donnée à l'amour, et rendue par la vengeance.

— Voici votre portrait, reprit Guerland de sa voix impassible. Et il lui présenta un médaillon suspendu à une tresse de cheveux, sur lequel on distinguait quelques taches rouges.

— Horace ! dit Valérie, en se laissant glisser à genoux devant le meurtrier.

Guerland la contempla en paraissant aspirer par son regard une vengeance qui réparait tous les tourments qu'il avait soufferts. Il la laissa à genoux. Jadis il s'était mis aux pieds de cette femme, elle l'y avait laissé.

— L'aimiez-vous autant que l'autre ? demanda-t-il enfin avec un impitoyable sourire.

— Horace ! dit la malheureuse femme.

— Le cimetière est au-delà des Lices, au pied de la montagne de Pharon, reprit-t-il en montrant la rue Saint-Roch. Demain, soyez à votre fenêtre comme aujourd'hui, vous verrez passer Horace. A quand le troisième, madame ? continua-t-il en se penchant à l'oreille de Valérie.

Un léger tressaillement annonça que madame de Valdaunaie n'était pas morte.

— Je t'ai trompée, dit Guerland en la serrant dans ses bras ; j'ai trahi mon serment, car avant celui-là j'en avais fait un autre. Quand tu ne m'appartenais pas, je voulais tuer ton Horace ; maintenant que tu es à moi, comment as-tu dû croire que je te rendrais à lui ? A moi, maintenant Valérie ; à moi seul ! je saurai te garder comme j'ai su te conquérir.

VI

En mil huit cent trente, Guerland avait repris du service après la révolution de Juillet et commandait un régiment de chasseurs à Strasbourg. Il était marié, sa femme était madame de Valdaunaie.

Un jour, au milieu d'un bal, Biarville, l'officier de marine, témoin de Barberin, la reconnut au bras de celui qui avait tué le descendant des doges au moment où s'apprêtaient les joies du plus heureux mariage dont une femme se soit plue à tresser les nœuds. Dans un excès d'indignation qu'il ne put contenir, il raconta à plusieurs personnes ce qu'il savait de cette aventure, et madame la baronne de Guerland devint le thème d'une conversation où fut répétée sur tous les tons, cette sentence de Shakspeare : *Frailty! thy name is woman!*

— Docteur, à quel organe secret, à quelle protubérance cérébrale attribueriez-vous la conduite inouïe de cette femme? demanda un jeune homme curieux de phrénologie à un vieux médecin, dont le regard noir et vif annonçait au premier coup-d'œil un caustique et pénétrant observateur.

Le docteur secoua la tête à plusieurs reprises d'un air railleur.

— Les passions, dit-il, se remplacent et se détruisent l'une l'autre dans l'ordre moral, comme les créatures se dévorent dans l'ordre physique ; les jeunes tuent les vieilles, les fortes les faibles, les grandes les petites. La femme est très-logique dans cette constante transmutation que vous nommez caprice et légèreté. N'imite-t-elle pas la Nature? Après la coquetterie qui est la floraison de l'esprit, et l'amour qui est celle du cœur, tout dans l'âme n'est pas éclos. Il y reste toujours quelque germe pour les passions d'un ordre plus raffiné, arcanes incompréhensibles au vulgaire. Qui sait? madame de Valdaunaie date peut-être sa vie la plus heureuse et la plus enivrée du jour où l'a conquise cette main de fer, deux fois baignée dans le sang de ses premières amours. La terreur mêlée au plaisir est une source à laquelle il est donné à peu d'êtres de s'abreuver ; mais ceux-là s'y grisent.

— D'ailleurs, dit un jeune écrivain qui, par hasard, se trouvait à Strasbourg peut-être pour y observer les Alsaciennes, mon ami, qui te dit que cette femme n'a pas conçu quelque vengeance ! Regarde le colonel ; cherche le courage dans cet œil éteint. Je lui donnais soixante ans, et M. de Biarville prétend que Guerland n'avait que trente-deux ans lors de son duel à Toulon. L'avez-vous vu jamais souriant ? Qui a raison de la Justice sociale qui coupe une tête d'un coup, ou de la loi sauvage en vertu de laquelle les Natchez s'amusent des souffrances qu'endure l'ennemi attaché au poteau, et dans la chair duquel ils ont planté d'innombrables allumettes ? Cette femme me semble implacable comme la justice du sauvage. Son mari n'est-il point pâle et débile comme elle l'était jadis ? Autrefois elle se mourait, aujourd'hui..... voyez le colonel.

— Ont-ils des enfants ? demanda le jeune homme.

— Ah ! vous êtes médecin, dit le docteur en le saluant.

Un mouvement agitait la foule qui se séparait devant le colonel emmené presque évanoui. Sa femme le suivait en exprimant une tendresse qui ressemblait à la précaution avec laquelle une lionne emporte sa proie dans sa gueule pour l'achever dans son antre.

FIN.